Pe. KATÊ
Autor e organizador

DÍZIMO,
PARTILHA QUE SANTIFICA

EDITORA
SANTUÁRIO

Direção Editorial:	Pe. Fábio Evaristo R. Silva, C.Ss.R.
Coordenação Editorial:	Ana Lúcia de Castro Leite
Revisão:	Luana Galvão
Diagramação e Capa:	Tiago Mariano da Conceição

ISBN 85-369-0022-9

1ª impressão, 2005

7ª impressão

Todos os direitos reservados à **EDITORA SANTUÁRIO** — 2024

Rua Pe. Claro Monteiro, 342 – 12570-045 – Aparecida-SP
Tel: 12 3104-2000 – Televendas: 0800 - 0 16 00 04
www.editorasantuario.com.br
vendas@editorasantuario.com.br

Sumário

Oferta do Dízimo 5

Apresentação 7

1. Como surgiu o Dízimo 11

2. Saber partilhar 29

3. Acima de tudo o Amor 33

4. Oração para o momento de entrega do Dízimo 37

5. O Dízimo liberta o coração 39

6. Um pouco sobre a oferta que agrada a Deus 47

7. Testemunhos 53

8. Bênção dos Dizimistas 61

Oferta do Dízimo

Na linha pastoral da comunhão e participação, as comunidades eclesiais, paróquias e dioceses, seguindo o exemplo das primeiras comunidades (cf. At 4,32-37), são convidadas a se manterem pela prática da partilha dos bens.

O dízimo deve ser compreendido como partilha, fruto da generosidade, colocado a serviço da própria comunidade eclesial local. É diferenciado de outras ofertas ou coletas.

Muitas dioceses, impulsionadas pelo texto de reflexões sobre a Pastoral do Dízimo, publicado pela CNBB em 1975 (Estudos da CNBB, n. 8), válido ainda hoje, vêm tentando institucionalizar a oferta do dízimo, como um modo de partilha, com fundamentos bíblicos (cf. Gn 14,20; Hb 7,2.5.9; Lc 18,12 e Ml 3,6-12) e teológicos; como gesto de fé e gratidão a Deus, retribuindo a Ele uma parte do que dele recebeu, repartindo com a Igreja e os irmãos os frutos do próprio trabalho.

CNBB – 43ª Assembleia Geral

Itaici, Indaiatuba-SP

9 a 17 de agosto de 2005

Apresentação

A Paróquia Maria de Nazaré, em seus doze anos de evangelização em favor da Igreja, tem a imensa satisfação de apresentar para toda a comunidade paroquial um subsídio de conscientização a respeito do DÍZIMO, oferta consciente de cada cristão a Deus, que é Pai.

Para isso, relembremos um pouco a menção *retribuir* a Deus, nas passagens bíblicas que já conhecemos:

Em 1Rs 17,10-16, é uma mulher de Sarepta de boa condição, mas reduzida à miséria pela seca e carestia. No entanto, a pedido do profeta Elias, não só lhe dá água para beber, mas também pão feito com o último resto de farinha que lhe resta para matar sua fome e a do filho. "Comeremos e depois morreremos", dissera para expressar a dramática situação. Embora pagã, mostra surpreendente fé na palavra do profeta que lhe assegura da parte do Deus de Israel: "Não se esgotará a farinha na vasilha, nem diminuirá o óleo da ânfora, até o dia em que o Senhor fizer cair a chuva sobre a terra". A essa promessa cede seu pão. Grande coisa não é um pão; mas é muito, é tudo quando é o único sustento. Para dá-lo a outro, requer-se generosidade incomum.

Semelhante gesto nota-se no Evangelho de Marcos (12,38-44), observado ao vivo por Jesus, enquanto olhava as pessoas que lançavam esmolas no tesouro do templo. Por entre os ricos que "lançavam muito", veio uma pobre viúva e "lançou duas pequeninas moedas". Ninguém a notou. Mas Jesus, "chamando os discípulos, disse--lhes: 'Em verdade vos digo que esta pobre viúva lançou no tesouro mais do que todos, pois todos lançaram de seu supérfluo, ao passo que esta, de sua penúria, deitou quanto tinha, todo o seu sustento'". Deus não olha a grandeza do dom, mas o coração e a situação de quem dá. A viúva que, por amor a Deus, se priva de tudo o que tem dá muito mais do que os ricos que oferecem grandes somas, sem nada diminuir de sua fortuna. Não se explica o gesto dessa pobre viúva a não ser por uma fé imensa, maior ainda que a da viúva de Sarepta, porque não se apoia em promessa de nenhum profeta, e sim unicamente em Deus. E não age por outro motivo além de o de servi-lo de todo o coração.

Essa conduta está em gritante contraste com a conduta dos escribas e doutores da lei, que Jesus pouco antes condenara: "Devoram as casas das viúvas e dão mostras de orar longamente". Eles reduziram a religião a pedestal de sua ambição. Ao invés de advogar a causa dos fracos e indefesos, aproveitam a própria autoridade e doutrina para espoliar-lhes os bens.

Isso dá o que pensar. Se o homem não for profundamente reto e sincero, pode chegar a servir--se da religião em proveito de interesses egoístas. Consiste a verdadeira religião em servir a Deus com pureza de coração e honrá-lo "em espírito e verdade" (Jo 4,24), acompanhando a oração com o dom de si até gastar por ele o último centavo. É ainda servir a Deus no próximo com uma caridade que não mede o que dá, baseando-se não apenas no próprio supérfluo e, sim, nas necessidades alheias. O DÍZIMO só é caridade cristã se realiza o dom de si; dom que é impossível sem sacrifício, sem renúncia, sem subtrair-se algo de si mesmo. Caridade cristã é chorar com quem chora (Rm 12,15), é participar das condições do pobre, de suas privações e, em casos extremos, até de sua fome. Assim fez a viúva de Sarepta, dando seu último pão; assim, também, a viúva pobre do Evangelho: deu tudo o que possuía.

Por isso, caros paroquianos, baseando-nos em Jesus, o modelo supremo que veio ao mundo para dar vida aos homens, "para abolir o pecado através do sacrifício de si mesmo, busquemos nossa fidelidade no pouco que nos é tomado por amor a Cristo e a sua Igreja".

Seja DIZIMISTA e vamos partilhar o que Deus nos dá com muito amor.

A Cristo, por Maria.

Padre Katê

1
Como surgiu o Dízimo

O dízimo surgiu quando o homem, impulsionado pela fé, reconheceu Deus como o Criador e Senhor de tudo. É Deus quem conduz o homem para o caminho certo, e só Deus vê tudo o que é bom e necessário à vida. O primeiro homem a reconhecer Deus e devolver a Ele o dízimo foi Abraão, como está escrito em Gn 14,18-20: "Melquisedec, rei de Salém e Sacerdote do Deus Altíssimo, levou pão e vinho e abençoou Abraão, dizendo: 'Bendito seja Abraão, pelo Deus Altíssimo que criou o céu e a terra; e bendito seja o Deus Altíssimo, que entregou os inimigos a você'. E Abraão lhe deu a décima parte de tudo".

Em Lv 27,30.32, o autor sagrado nos mostra que o dízimo não é simplesmente uma opção, mas sim uma propriedade de Deus. Só a Ele pertence. Todo homem e toda mulher devem consagrá-lo a Deus, pois está escrito: "Todos os dízimos do campo, seja produto da terra, seja fruto das árvores, pertencem a Javé: é coisa consagrada a Javé. Os dízimos de animais, boi ou ovelha, isto é, a décima parte de tudo o que passa sob o cajado do pastor, é coisa consagrada a Javé".

E, hoje, como estamos consagrando a décima parte de nossos salários a Deus? Devemos questionar-nos.

Há muitas outras passagens bíblicas no Antigo Testamento.

Nm 18,26-28: "Dirás aos levitas: quando receberdes dos israelitas o dízimo que vos dei de seus bens por vossa herança, tomareis dele uma oferta para o Senhor: o dízimo do dízimo. Esta reserva será como o trigo tomado da eira e como o vinho tomado do lagar. Desse modo, fareis também vós uma reserva devida ao Senhor de todos os dízimos que receberdes dos israelitas, e esta oferta, reservada para o Senhor, vós a entregareis ao sacerdote Aarão".

Dt 14,27-29: Não negligenciarás o levita que vive dentro de teus muros, porque ele não recebeu como tu partilha, nem herança. "No fim de três anos, porás de lado todos os dízimos da colheita desse (terceiro) ano, e depô-los-ás dentro de tua cidade, para que o levita que não tem como tu partilha, nem herança, o estrangeiro, o órfão e a viúva, que se encontram em teus muros, possam comer à saciedade, e que o Senhor, teu Deus, abençoe-te em todas as obras de tuas mãos".

Dt 26,12-13: "Quando tiveres acabado de separar o dízimo de todos os teus produtos, no terceiro ano, que é o ano do dízimo, e o tiveres distribuído ao levita, ao estrangeiro, ao órfão e à viúva, para que tenham em tua cidade do que comer com fartura, dirás em presença do Senhor, teu Deus: tirei de minha casa o que era consagrado para dá-lo ao levita, ao estrangeiro, ao órfão e à viúva, como me ordenastes: não transgredi, nem omiti nenhum dos vossos mandamentos".

1Rs 17,16: A farinha não se acabou na panela, nem se esgotou o óleo da ânfora, como o Senhor o tinha dito pela boca de Elias.

1Cor 29,10-18: Davi bendisse o Senhor, em presença de toda a assembleia: "Sede bendito, disse ele, para todo o sempre, Senhor, Deus de nosso pai Israel! A vós, Senhor, a grandeza, o poder, a honra, a majestade e a glória, porque tudo o que está no céu e na terra vos pertence. A vós, Senhor, a realeza, porque sois soberanamente elevado acima de todas as coisas. É de vós que vêm a riqueza e a glória, sois vós o Senhor de todas as coisas; é em vossa mão que residem a força e o poder. E é vossa mão que tem o poder de dar a todas as coisas grandeza e solidez. Agora, ó nosso Deus, nós vos louvamos e celebramos vosso nome glorioso. Quem sou eu, e quem é meu povo, para que possamos fazer-vos voluntariamente essas oferendas? Tudo vem de vós e não oferecemos senão o que temos recebido de vossa mão. Diante de vós, não passamos de estrangeiros e peregrinos, como todos os nossos pais; nossos dias na terra são como a sombra, sem que haja esperança. Senhor, nosso Deus, todas essas riquezas que preparamos para construir uma casa a vosso santo nome, é de vossa mão que elas vêm e a vós pertencem. Eu sei, meu Deus, que perscrutais os corações e amais a retidão; por isso é na retidão e espontaneidade de meu coração que vos ofereço tudo isso e é com alegria que vejo agora vosso povo, aqui presente, fazer-vos suas oferendas voluntárias. Senhor, Deus de Abraão, de Isaac e de Israel, nossos pais, guardai para sempre no coração de vosso povo estas disposições e sentimentos, e dirigi seu coração para nós.

Tb 1,6-8: Dirigia-se ao templo do Senhor em Jerusalém, onde adorava o Senhor Deus de Israel, oferecendo fielmente as primícias e os dízimos de todos os seus bens. Essa e outras práticas semelhantes da lei de Deus tinha observado desde sua infância.

Sl 23,1-2: Salmo de Davi. Do Senhor é a terra e tudo o que ela contém, a órbita terrestre e todos os que nela habitam, pois ele mesmo a assentou sobre as águas do mar e sobre as águas dos rios a consolidou.

Pr 3,9: Honra ao Senhor com teus haveres, e com as primícias de todas as tuas colheitas.

Eclo 35,4-9: Aquele que oferece a flor da farinha dá graças, e o que usa de misericórdia oferece um sacrifício. Abster-se do mal é coisa agradável ao Senhor; o fugir da injustiça alcança o perdão dos pecados. Não te apresentarás diante do Senhor com as mãos vazias pois todos (esses ritos) se fazem para obedecer aos preceitos divinos. A oblação do justo enriquece o altar; é um suave odor na presença do Senhor. O sacrifício do justo é aceito (por Deus). O Senhor não se esquecerá dele.

No entanto, vamos olhar com atenção o que Deus nos fala, no livro de Malaquias, capítulo 3, versículo 10: "Tragam integralmente o dízimo para o cofre do templo, para que haja alimento em minha casa. Façam essa experiência comigo – diz o Senhor dos exércitos; vocês hão de ver, então, se não abro as comportas do céu, se não derramo sobre vocês minhas bênçãos de fartura".

Podemos perceber aqui a preocupação de Deus para com seu povo; que o povo seja fiel a Deus, e Ele quer fartura, riqueza para seu povo, que é a Igreja. A riqueza que Deus quer é justiça, partilha, solidariedade e fraternidade, vida para todos, pois todo o resto que o mundo oferece é ilusão ou passageiro. Com essa promessa de Deus em derramar bênçãos sobre os que são fiéis, é possível combater qualquer pobreza que está estruturada no desamor, na injustiça, na opressão e na indiferença.

"Buscai em primeiro lugar o reino de Deus e sua justiça, e tudo o mais virá em acréscimo" (Mt 6,33). Devemos buscar, com total desprendimento, o reino de Deus, por meio da justiça e do amor, e tudo o mais virá como graça. Não é o que queremos que nos leva à vida. Tudo o que conduz à vida vem de Deus e chega até nós, se estivermos com o coração aberto ao reino. Se praticarmos a justiça sendo fiéis a Deus, é certo que cresceremos em sua graça e receberemos a herança no reino celeste. Esse reino, que Jesus anuncia segundo São Mateus, é reino de justiça, pois: "Nem todo aquele que me diz 'Senhor, Senhor', entrará no reino do céu. Só entrará aquele que põe em prática a vontade de meu Pai, que está no céu" (Mt 7,21).

Qual é a vontade de Deus? "Que todos tenham vida, e vida em plenitude" (Jo 10,10).

O Dízimo deve ser devolvido a Deus num gesto de gratidão, reconhecimento e amor: "pois é de graça que recebemos, e é de graça que devemos dar" (Mt 10,8-10).

Dízimo não é pagamento, nem aplicação financeira esperando multiplicação dos bens materiais. Com Deus não se negocia. Com Deus se vive o amor, com ações de graças e louvores. Louvamos a Deus na própria dimensão da vida.

Devolver o dízimo sem nenhum compromisso com a vida foge à realidade do evangelho. Veja o que diz nosso Senhor aos fariseus: "Ai de vós, doutores da lei e fariseus hipócritas; vocês pagam o dízimo da hortelã, da erva-doce e do cominho, e deixam de lado os ensinamentos mais importantes da lei, como a justiça, a misericórdia e a fidelidade" (Mt 23,23).

Um gesto não nos isenta do outro. O coração do cristão deve ser íntegro e reto. As obras corporais de misericórdia formam o trabalho que devemos fazer para alcançar a misericórdia divina. E, para que não nos ensoberbeçamos e não busquemos nossa própria autoglorificação, podemos fazer essas obras de forma comunitária. "O dízimo é um instrumento de criação de espírito comunitário, pois o necessitado que for amparado saberá que é a bondade de nosso Deus, que move as pessoas a fazer o bem. Não é simplesmente uma pessoa. Não é um gesto meramente humano. Quando unidos fazemos, unidos permanecemos e crescemos". Olhemos em Mt 25,31.34-37: "Quando o Filho do homem voltar em sua glória, e todos os anjos com ele, sentar-se-á em seu trono glorioso. Então o Rei dirá aos que estão à direita: 'Vinde, benditos de meu Pai, tomai posse do Reino que vos está preparado desde a criação do mundo, porque tive fome e me destes de comer; tive sede e me destes de beber; era peregrino e me acolhestes; nu e me vestistes; enfermo e me visitastes; estava na prisão e viestes a mim'. Perguntar-lhe-ão os justos: 'Senhor, quando foi que te vimos com fome e te demos de comer?'"

Como estamos reintegrando os excluídos a nossa comunidade? Quando é que os nus, os doentes, sedentos, encarcerados, estrangeiros e desempregados poderão celebrar conosco a vitória de Cristo sobre o pecado? Se os oprimidos, marginalizados e esquecidos não forem problema nosso, de quem será? Quem foi que Jesus Cristo veio salvar? Buscar a salvação em Jesus Cristo exige de nós uma reintegração universal. Todos têm direito à vida. Nosso dízimo deve ser um testemunho de amor a Cristo. Devemos mostrar, na prática, que somos contra a exclusão social e que sabemos partilhar de forma comunitária tudo aquilo que de Deus recebemos. "Com Deus aprendemos a dar, e dele recebemos o que dar." Devemos refletir muito o significado desse gesto dizimal. "O dízimo, quando bem entendido e vivido, exclui o egoísmo e integra o amor de gratuidade." A gratuidade é sinal de maturidade na fé.

A adoração a Deus, feita quando estamos diante do Santíssimo, e o louvor, que de braços erguidos cantamos nas celebrações litúrgicas, devem ser vividos também na vida prática, pois devemos adorar a Deus em "espírito e verdade" (cf. Jo 4,24). Devemos erguer as mãos para cantar louvores a Deus e trabalhar por justiça e partilha, para vivermos a verdadeira paz de Cristo. Só há paz onde houver justiça. Com o Pai e por meio de Jesus Cristo, Deus está presente na família humana e não quer que os homens separem religião e vida. "O Dízimo é uma forma de espiritualidade cristã e de oração que nasce e brota da experiência partilhada do amor operativo, da qual se participa."

O amor ao próximo só é verdadeiro se for operativo, pois, do contrário, seria apenas palavras vazias. "Quem tem duas túnicas dê uma a quem não tem. E quem tem comida faça a mesma coisa. Não explorem financeiramente nenhum de seus irmãos e não maltratem ninguém. Não façam acusações falsas e fiquem contentes com vossos salários" (Lc 3,10-14).

Um belíssimo ensinamento de João Batista aos que querem encontrar-se com Cristo e um rico modelo de vida para um bom dizimista. Partilha, honestidade, fidelidade e respeito para com o próximo devem ser buscados constantemente. Nesse ensinamento de João Batista, há ainda dois pontos importantíssimos para reflexão neste sentido e que devem estar incutidos em todos os dizimistas: "Não façam acusações falsas e contentai-vos com vossos salários". Acusar o padre ou os agentes de pastoral para se omitir do dízimo é rejeitar o reino de Deus. A busca exagerada e gananciosa por salários cada vez maiores torna--se obstáculo para o encontro com Cristo. Isso é ser escravo desse mundo de consumo que não preenche o coração do homem. É com nosso salário que devemos viver a partilha e o alimento de nossa casa e por ele sermos agradecidos.

O evangelho de São Marcos nos mostra, na primeira e na segunda multiplicação dos pães, o grande poder de Deus para saciar material e espiritualmente seu povo e representa aí a partilha: "Despede-os, para irem aos sítios e aldeias vizinhas comprar algum alimento. Mas ele respondeu-lhes: 'Dai-lhes vós mesmos de comer'. Replicaram-lhe: 'Iremos comprar duzentos denários de pão para dar-lhes de comer?' Ele perguntou-lhes: 'Quantos pães tendes? Ide ver'. Depois de se terem informado disseram: 'Cinco pães e dois peixes'. Ordenou-lhes que mandassem todos sentar-se, em grupos, na relva verde. E assentaram-se em grupos de cem e de cinquenta. Então, tomou os cinco pães e os dois peixes e, erguendo os olhos ao céu, abençoou-os, partiu-os e os deu a seus discípulos, para que lhos distribuíssem, e repartiu entre todos os cinco pães e dois peixes. Todos comeram e ficaram fartos. Recolheram do que sobrou doze cestos cheios de pedaços, e os restos dos peixes. Foram cinco mil os homens que haviam comido daqueles pães" (Mc 6,34-44).

No capítulo 8,1-9, Marcos nos mostra novamente a ação de Jesus saciando o povo e revelando novo caminho para o povo de Deus: "Naqueles dias, como fosse novamente numerosa a multidão, e não tivessem o que comer, Jesus convocou os discípulos e lhes disse: 'Tenho compaixão desse povo. Já há três dias perseveram comigo e não têm o que comer. Se os despedir em jejum para suas casas, desfalecerão no caminho; e alguns deles vieram de longe!' Seus discípulos respondem-lhe: 'Como poderá alguém fartá-los de pão aqui no deserto?' Mas ele perguntou-lhes: 'Quantos pães tendes?' 'Sete', responderam. Mandou então que o povo se assentasse no chão. Tomando os sete pães, deu graças, partiu-os e entregou-os a seus discípulos, para que os distribuíssem e eles os distribuíram ao povo. Tinham também alguns peixinhos, Ele os abençoou e mandou também distribuí-los. Comeram e ficaram fartos, e dos pedaços que sobraram levantaram sete cestos. Ora, os que comeram eram cerca de quatro mil pessoas. Em seguida, Jesus os despediu".

E o mesmo evangelista Marcos nos mostra, ainda nesse capítulo, a dificuldade que os discípulos têm em acreditar e confiar na partilha. E nós, ainda temos as mesmas dúvidas? Vejamos o que nos relata o evangelista Marcos no capítulo 8,14-21: "Aconteceu que eles haviam se esquecido de levar pães consigo. Na barca havia um único pão. Jesus advertiu-os: 'Abri os olhos e acautelai--vos do fermento dos fariseus e do fermento de Herodes!' E eles comentavam entre si que era por não terem pão. Jesus percebeu-o e disse--lhes: 'Por que discutes por não terdes pão? Ainda não tendes refletido nem compreendido? Tendes, pois, o coração insensível? Tendo olhos, não vedes? E tendo ouvidos, não ouvis? Não vos lembrais mais? Ao partir, deu os cinco pães entre os cinco mil, quantos cestos recolhestes cheios de pedaços?' Responderam-lhe: 'Doze'. 'E quando eu parti os sete pães entre os quatro mil homens, quantos cestos de pedaços levantastes?' 'Sete', responderam-lhe. Jesus disse-lhes: 'Como é que ainda não entendeis?'"

Mc 6,34-44: O Senhor Deus criou o homem com capacidades para administrar tudo o que existe na face da terra. O homem, porém, tem de tomar consciência de que no exercício dessa administração precisa ter tempo para o descanso e ter tempo para Deus.

Nesse Evangelho, Jesus faz planos para descansar, com seus discípulos, das fatigantes tarefas apostólicas, mas não os pode realizar por causa do grande número de gente que acorre a Ele para escutar sua Palavra. E Jesus sente compaixão do povo ao ver sua necessidade espiritual.

O povo necessita de instrução, e Jesus quer satisfazer essa necessidade por meio da pregação. A fome e a dor da humanidade comovem Jesus.

O milagre desse Evangelho é uma figura da Santíssima Eucaristia. No milagre, Jesus dá prova de seu poder sobrenatural e de seu amor aos homens. Poder e amor que tornarão também possível que o único Corpo de Cristo esteja presente nas espécies consagradas, para alimentar as multidões de fiéis da história.

O gesto de Jesus de elevar os olhos para o céu prepara-nos para assistir a um milagre maior que a multiplicação dos pães: a conversão do pão em seu próprio corpo, que é oferecido como alimento sem medida a todos os homens que o querem receber.

Cristo quis que fossem recolhidas as sobras daquela refeição para aprendermos a não esbanjar os bens que Deus nos dá e para servir como prova tangível do milagre realizado.

Recolher as sobras é um modo pedagógico de nos mostrar o valor das coisas pequenas feitas com amor. Esse Evangelho é uma prova de que Jesus dá com generosidade e até com abundância àquele que nele confia.

O dízimo é uma demonstração do reconhecimento do amor de Deus por nós. Quando nós somos capazes de oferecer é porque somos mais capazes ainda de reconhecer as graças de Deus em nossas vidas.

Mc 8,14-21: A imagem é tomada agora de uma experiência cotidiana: assim como o fermento vai, pouco a pouco, fermentando e assimilando toda a massa, da mesma maneira a Igreja vai convertendo os povos; da mesma maneira o cristão consciente vai fazendo com que sua Igreja seja viva, participando com seu Dízimo.

O fermento é também figura do cristão. Vivendo

no meio do mundo, sem se desnaturalizar, o cristão conquista com seu exemplo e com suas palavras as almas para o Senhor. Conquistar as almas quer dizer torná-las conscientes de suas obrigações para que possam peregrinar melhor aqui na terra. O dizimista completa em si a figura do cristão quando caminhar assim.

Nossa vocação de filhos de Deus, no meio do mundo, exige de nós que não procuremos apenas nossa santidade pessoal, mas que devemos ir pelos caminhos da terra, para convertê-los em atalhos que, por meio dos obstáculos, levem as almas ao Senhor; que participemos, como cristãos normais, de todas as atividades temporais da Igreja, para sermos levedura que há de fermentar toda a massa.

Mt 14,13-21: A essa notícia, Jesus partiu dali numa barca para se retirar a um lugar deserto, mas o povo soube, e a multidão das cidades o seguiu a pé. Quando desembarcou, vendo Jesus essa numerosa multidão, moveu-se de compaixão para ela e curou seus doentes. Caía a tarde. Agrupados em volta dele, os discípulos disseram-lhe: "Este lugar é deserto e a hora é avançada. Despede esta gente para que vá comprar víveres na aldeia".

Jesus, porém, respondeu: "Não é necessário: dai--lhe vós mesmos de comer". "Mas, disseram eles, nós não temos aqui mais que cinco pães e dois peixes." Mandou, então, a multidão assentar-se na relva, tomou os cinco pães e os dois peixes e, elevando os olhos ao céu, abençoou-os. Partindo em seguida os pães, deu-os a seus discípulos, que os distribuíram ao povo. Todos comeram e ficaram fartos, e, dos pedaços que sobraram, recolheram doze cestos cheios. Ora, os convivas foram aproximadamente cinco mil homens, sem contar as mulheres e crianças.

Mt 15,29-39: Jesus saiu daquela região e voltou para perto do mar da Galileia. Subiu a uma colina e sentou-se ali. Então numerosa multidão aproximou-se dele, trazendo consigo mudos, cegos, coxos, aleijados e muitos outros enfermos. Puseram-nos a seus pés, e ele os curou, de sorte que o povo estava admirado ante o espetáculo dos mudos que falavam, daqueles aleijados curados, de coxos que andavam, dos cegos que viam; e glorificavam ao Deus de Israel. Jesus, porém, reuniu seus discípulos e disse-lhes: "Tenho piedade desta multidão: eis que há três dias está perto de mim e não tem nada para comer. Não quero despedi-la em jejum, para que não desfaleça no caminho". Disseram-lhe os discípulos: "De que maneira procuraremos neste lugar deserto pão bastante para saciar tal multidão?" Pergunta-lhes Jesus: "Quantos pães tendes?" "Sete, e alguns peixinhos", responderam eles. Mandou, então, a multidão assentar-se no chão, tomou os sete pães e os peixes e abençoou-os. Depois os partiu e os deu aos discípulos, que os distribuíram à multidão. Todos comeram e ficaram saciados, e, dos pedaços que restaram, encheram sete cestos. Ora, os que se alimentaram foram quatro mil homens, sem contar as mulheres e as crianças. Jesus então despediu o povo, subiu para a barca e retornou à região de Magadã.

2
Saber partilhar

"A comunidade dos fiéis era um só coração e uma só alma. Ninguém considerava propriedade as coisas que possuía, mas tudo era posto em comum entre eles." (At 4,32)

Os textos do capítulo anterior tratam de dois fatos muito semelhantes. Em um primeiro momento, esses textos podem parecer um tanto confusos. Ao analisá-los, porém, em toda a sua profundidade, percebe-se que transmitem uma grande lição, contudo esquecida pelos cristãos: a Partilha.

No texto de Mateus 15,29-39, é apresentada a preferência de Jesus pelos pobres, enquanto

Herodes prefere cear com os ricos e poderosos. Há, contudo, uma diferença entre os dois banquetes: enquanto Herodes celebra o banquete da morte com seus convivas, Jesus faz o banquete da vida com os pobres. O evangelista Marcos não transmite o que Jesus ensinava; no entanto a grande lição está no fato de que não precisa muito dinheiro para saciar a fome do povo.

Jesus nos ensina que é necessário apenas dar e repartir, entre os que mais precisam, o pouco que cada um possui. Aí reside a grande dificuldade. A sociedade individualista não aceita dividir seus bens, não quer promover a dignidade do próximo, ao contrário, prefere vê-lo à margem. Aristóteles, em sua obra "Ética a Nicômaco", ensina que a felicidade só existe na medida em que ela é coletiva, daí se pode questionar: há felicidade em uma sociedade individualista?

Jesus projeta uma nova sociedade, em que o comércio é substituído pelo dom, e a posse pela partilha. Mas, para que isso realmente aconteça, é preciso organizar o povo. Dando e repartindo, todos ficam satisfeitos, e ainda sobra muita coisa. Apesar dos ensinamentos de Cristo, muitos ainda são incapazes de fazer a experiência da partilha. Ficam presos a um sistema em que o acúmulo das riquezas se torna prioritário. No outro texto, Mt 16,5-12, é mostrada exatamente essa dificuldade.

Os discípulos se preocupam por não terem acumulado pão. Aqui o pão pode ser interpretado como riqueza, ou seja, os discípulos são cada um de nós, que se sente insatisfeito por não ter conseguido ajuntar um número expressivo de riquezas (pão). Jesus chama a atenção deles, ao mesmo tempo em que chama a atenção de cada um de nós, para o fato de estarem presos a um sistema que visa à acumulação de coisas para a segurança. É necessário que o povo de Deus aprenda a partilhar, confie na partilha: tudo o que se reparte torna-se até mais do que o suficiente.

Oxalá os filhos e as filhas de Deus possam aprender a partilhar, que não queiram apenas acumular as riquezas para si, mas que aprendam a pensar nas dificuldades dos outros, pensar no próximo. A partir da tomada de consciência, de fato, poderemos dizer que há uma sociedade em que todos são um coração e uma só alma. Rezemos a Deus para que a partilha não seja um sonho em vão, mas que seja realidade. Que cada um possa colocar o pouco que tem a serviço do outro, para que o pouco se torne o muito. Que assim seja.

3
Acima de tudo o Amor

Em 1Cor 13,1-13, São Paulo nos mostra a grandeza da caridade: "Ainda que eu falasse as línguas dos homens e dos anjos, se não tiver caridade, sou como o bronze que soa, ou como o címbalo que retine. Mesmo que eu tivesse o dom da profecia, e conhecesse todos os mistérios e toda a ciência; mesmo que tivesse toda a fé, a ponto de transportar montanhas, se não tiver caridade, não sou nada. Ainda que distribuísse todos os meus bens em sustento dos pobres, e ainda que entregasse meu corpo para ser queimado, se não tiver caridade, de nada valeria! A caridade é paciente, a caridade é bondosa. Não tem inveja. A caridade não é orgulhosa. Não é arrogante, nem escandalosa. Não busca seus próprios interesses, não se irrita, não guarda rancor. Não se alegra com a injustiça, mas se rejubila com a verdade. Tudo desculpa, tudo crê, tudo espera, tudo suporta. A caridade jamais acabará. As profecias desaparecerão, o dom das línguas cessará, o dom da ciência findará. Nossa ciência é parcial, nossa profecia é imperfeita. Quando chegar o que é perfeito, o imperfeito desaparecerá. Quando eu era criança, falava como criança, pensava como criança, raciocinava como criança. Desde que me tornei homem, eliminei as coisas de criança. Hoje, vemos como por um espelho, confusamente; mas então veremos face a face. Hoje conheço em parte; mas então conhecerei totalmente, como eu sou conhecido. Por ora subsistem a fé, a esperança e a caridade, as três. A maior delas, porém, é a caridade".

A caridade deveria ser uma virtude de todo cristão. Jesus fez da caridade um novo mandamento, amando os seus até o fim. O apóstolo Paulo traçou um quadro incomparável da caridade. Ele diz que a caridade é paciente e prestativa. Não se alegra, nem se conforma com as injustiças, mas se rejubila com a verdade.

São Paulo diz mais ainda: se eu não tiver a caridade, nada sou, nada me adianta. A caridade tem como frutos a alegria, a paz e a misericórdia. Há na vida três grandes virtudes: a fé, a esperança e a caridade (amor). É pela fé, esperança e caridade que eu devo me tornar um verdadeiro dizimista. O dízimo é uma grandiosa prova de amor que o cristão demonstra com o irmão. O dízimo é canal de salvação porque, por meio dele, somos libertados da avareza e do egoísmo, pois o egoísmo nos impede de praticar a caridade, virtude que, atualmente, está cada vez mais difícil de existir entre os seres humanos. Quando se reconhece o verdadeiro sentido do dízimo, esse dízimo certamente será entregue com generosidade, sem constrangimento, num sentido de devolução de parte daquilo que Deus, em sua infinita bondade, concedeu-lhe, como está escrito em 2Cor 9,7: "Porque Deus ama quem dá com alegria". O dízimo é um ato de amor, é a medida do amor. É a essa medida que São Paulo se refere em 2Cor. É a medida do amor, da justiça e da gratidão para com Deus.

O dízimo é partilha, compromisso de vida, oração silenciosa, vivida em dimensão comunitária: "Dê cada um conforme o impulso de seu coração, sem tristeza, nem constrangimento. Deus ama o que dá com alegria. Poderoso é Deus para cumular-vos com toda a espécie de benefícios, para que, tendo sempre e em todas as coisas o necessário, sobre--vos ainda muito para toda espécie de boas obras. Como está escrito: 'Espalhou, deu aos pobres, sua justiça subsiste para sempre' (Sl 111,9). Aquele que dá a semente ao semeador e o pão para comer vos dará rica sementeira e aumentará os frutos de vossa justiça. Assim, enriquecidos em todas as coisas, podereis exercer toda espécie de generosidade que, por nosso intermédio, será ocasião de agradecer a Deus. Realmente, o serviço dessa obra de caridade não só provê as necessidades dos irmãos, mas é também uma abundante fonte de ações de graças a Deus" (2Cor 9,7-12).

4
Oração para o momento de entrega do Dízimo

"Recebei, Senhor, meu dízimo. Não é uma esmola, porque não sois mendigo, não é uma contribuição, porque não precisais dele, não é o resto que me sobra que vos ofereço. Esta importância representa, Senhor, minha gratidão, meu reconhecimento, meu amor, pois se tenho é porque me destes."

Algumas pessoas têm dificuldade de entender como proceder na devolução do dízimo ao Senhor. Podemos começar pela oração e aqui exemplificamos:

> "Senhor! Fazei que eu seja dizimista consciente. Que cada dízimo que eu der seja um verdadeiro agradecimento, um ato de amor e reconhecimento de vossa bondade para comigo. Sei que tudo o que tenho de bom vem de vós: paz, saúde, fé e amor. Ajudai-me a dar com liberalidade e justiça. Tirai todo o egoísmo de meu coração. Que eu possa amar cada vez mais meu irmão. Quero ser um instrumento vosso, Senhor. Amém!"

5
O Dízimo liberta o coração

O dízimo bem vivido e praticado torna-se uma verdadeira oração. Uma expressão de oração que deve ser buscada e encontrada para não dar a impressão de ser um negócio econômico com Deus, o que seria impossível, pois com Deus não se negocia; com ele se vive a gratuidade. Por causa de ideias equivocadas e de interesses pessoais, muitos fracassam na experiência do dízimo. Quando levo o dízimo à igreja, eu o faço em forma de oração, no verdadeiro sentido da palavra que quer dizer ORAR mais AÇÃO. As palavras de agradecimento a Deus e a ação de devolver a Ele a décima parte de nossos salários fazem com que esse gesto dizimal se revista de um grande ofertório, no qual ofereço minhas dádivas, minhas primícias (as primícias de meu salário mensal). É o momento de fazer um grande louvor ao Deus da Vida para que ele possa operar na comunidade, por meio de seus sacerdotes e de suas pastorais, a partir dessa grande partilha, para qual somos chamados. Partilhar é apresentar e entregar a Deus, por meio da comunidade, parte de nossos salários, para que nossos irmãos, sobretudo os mais necessitados e esquecidos, possam participar conosco do pão material, que nutre nosso corpo, para assim chegarmos ao pão espiritual, que é a eucaristia.

Para vivermos bem a eucaristia, precisamos praticar a solidariedade e a partilha, as quais a própria eucaristia nos leva a viver. Há cristãos em nossa comunidade que já entenderam o verdadeiro sentido do dízimo e, todo mês, ao entregá-lo à igreja, nem usam mais o carnê ou o envelope. A confiança e o desprendimento já os fazem devolver o dízimo com total alegria e segurança. Nas missas de domingo, eles passam pela sala do dízimo, bem na entrada da igreja, devolvem o dízimo e fazem orações de agradecimento a Deus, para completar o gesto dizimal, e assim participar melhor da eucaristia. É um belo exemplo! Portanto, o dizimista, em nossa comunidade, pode devolver seu dízimo por meio do carnê ou envelope, ou ainda, pode devolvê-lo sem preencher o carnê ou envelope, entregando-o na sala do dízimo, discreta e ocultamente, sem demonstrar o valor no papel, como o carnê ou envelope. A decisão é de cada um.

O dízimo deve ser entendido e praticado por todos os cristãos. Há padres e bispos que também devolvem o dízimo de seus salários, tendo atividades extras ou não. Quem nos afirma isso é Antônio Tato, autor do livro *Dízimo e Oferta na Comunidade*; e o Padre Ernesto Ascione, autor do livro *Dízimo: nossa resposta à generosidade de Deus*.

Devemos entender que o dízimo é, antes de tudo, uma forma de oração pessoal e silenciosa, que deve ser praticada livremente, sem qualquer tipo de interesse financeiro e também sem esperar algum retorno material, pois, se assim fizermos, podemos cair no erro de querer fazer um negócio financeiro com Deus. A fé em Deus deve ser sem interesses materiais. Com Deus e em Deus se espera, pois só Ele sabe nosso tempo e nossa hora. Ele é o dono de tudo.

Ao darmos nosso dízimo, não devemos esperar nada em troca, pois estamos dando, ou melhor, devolvendo parte de algo que já recebemos; portanto, já está tudo certo, quero dizer, quase certo, visto que só estamos devolvendo 10 por cento dos cem por cento que Deus nos dá.

É muito comum ouvir as pessoas comentarem a dificuldade que têm de se tornarem dizimistas fiéis. Vivem se culpando, e os motivos são os mesmos: não consigo dar meu dízimo, estou atrasado com o dízimo, no próximo mês atualizo meu carnê... e assim os meses vão passando, muitas vezes anos, sem que a pessoa tome realmente uma decisão e assuma sua posição de verdadeiro filho de Deus, diante de sua igreja e sua comunidade.

Reconhecemos que não é fácil para um cristão se tornar um dizimista fiel. Precisamos admitir que "Deus é o dono de tudo" (Sl 23,1). Tudo o que temos é propriedade de Deus; desta vida não vamos levar nada, além do reconhecimento da ação de Deus em nossa vida e o que fizemos em defesa da vida, de acordo com a vontade do Senhor. Pensando dessa forma, estamos dando o primeiro passo para nos libertar do egoísmo, pois ele nos impede de praticarmos a caridade, virtude ausente em pessoas exageradamente apegadas aos bens materiais. Por isso, afirmamos: a maior barreira que o cristão encontra para se tornar um dizimista fiel e consciente é justamente a confusão entre dízimo e dinheiro; dízimo não é dinheiro. Alguém poderia perguntar: como é isso, se devolvemos o dízimo em forma de dinheiro? Devolvemos, sim, o dízimo em forma de dinheiro, já que tudo nesta terra gira em torno do dinheiro, todavia, não são a mesma coisa. O dinheiro é difícil de sair do bolso. Dói, não sobra (embora dízimo não deva ser a sobra); o salário não dá para quase nada e assim por diante. São vários os motivos que usamos para tentar justificar essa falta com Deus.

O dízimo é diferente. Dízimo é a décima parte de nossa renda mensal, consagrada a Deus. É fruto de justiça e inclusão social. Não sentimos falta dessa porcentagem devolvida a Deus; não dói no bolso. Sabe por quê? Porque ele é medido no coração e, antes de sair do bolso, ele já saiu (brotou) do coração. Assim ele será entregue livremente, sem apego ou constrangimento, e em forma de oração (*orar* mais *ação*), porque é fruto de gratidão a tudo aquilo que Deus nos dá.

Até agora nós falamos dos 10%, que é o significado da palavra dízimo, a décima parte de nossos salários, nossos ganhos; é o que Deus nos fala em Ml 3,8-10: "Pode o homem enganar seu Deus? Por que procurais enganar-me? E ainda perguntais: Em que vos temos enganado? No pagamento dos dízimos e nas ofertas. Fostes atingidos pela maldição, e vós, nação inteira, procurais enganar-me. Pagai integralmente os dízimos ao tesouro do templo, para que haja alimento em minha casa. Fazei a experiência – diz o Senhor dos exércitos – e vereis se não vos abro os reservatórios do céu e se não derramo minha bênção sobre vós, muito além do necessário". Pois bem, temos nossos salários, nossa forma de sobrevivência, muitos têm até demais. Mas, então, o que diremos daqueles irmãos que estão desempregados, dos enfermos, daqueles que não têm quase nada para oferecer? Será que eles também não têm o direito e o dever de oferecer seu dízimo? Eles também são filhos de Deus e têm o direito de dar o dízimo da própria vida, de seu próprio ser, de seu existir, a entrega total de si mesmo. O dizimista consciente e o desempregado buscam igualmente o amor de Deus, porque ambos têm sede de justiça e vida digna para todos. A bênção de Deus é para todos os que esperam em nosso Senhor, com o coração sincero e com fervorosas ações de graças a Deus, livre de qualquer omissão ou egoísmo. É por isso que dízimo não é visto somente como dinheiro. Quem recebe dinheiro deve oferecer também o dinheiro; quem não recebe dinheiro, por falta de emprego, oferece sua própria vida.

Pedimos, aqui, toda a sua atenção para esta reflexão: Nós, que temos saúde, emprego, nossa forma de sobreviver dignamente graças a Deus, somos no mínimo 10% responsáveis por todos esses irmãos que não tiveram a mesma oportunidade que nós.

6

Um pouco sobre a oferta que agrada a Deus

Ofertar a Deus é um gesto grandioso quando se tem consciência do valor da oferta no momento do ofertório.

Para a oferta ser aceita por Deus, o ofertante precisa estar em estado de graça, isto é, estar sem pecado grave, pois foi o próprio Jesus quem falou: "Se alguma pessoa estiver na fila do ofertório e se lembrar de alguma ofensa contra seu próximo, deixe-a ali perto do altar, e vai reconciliar-se com seu irmão; depois vem e faça sua oferta".

Por isso, antes de aproximar-se do altar para fazer sua oferta, deve-se questionar: O que vou ofertar? Esse é, e deve ser, um momento de reflexão.

Na caminhada para o altar e junto dele, deve-se usar estes termos: "Senhor, aqui estou para te ofertar; oferto em primeiro lugar minha vida, Senhor, com todos os meus problemas, angústias, dores e também os momentos de paz e alegria. Toma, Senhor, eu coloco em tuas mãos meus familiares, meus colegas de trabalho, meu emprego, do qual eu tiro o sustento para minha família, e toda a minha vida. Transforma-a em um instrumento de paz e justiça, como tu transformas o pão e o vinho em teu corpo e sangue. Reconheço, Senhor, que meu emprego é uma bênção que vem de ti, por isso é que eu trago a ti esta pequena importância que representa meu agradecimento e reconhecimento de tuas bênçãos em minha vida".

Por isso a oferta não pode ser de qualquer jeito; não pode ser o resto, ela precisa sair do coração. A oferta precisa fazer falta no bolso.

Exemplo: Se você tem no bolso cédulas de R$ 1,00 / R$ 2,00 / R$ 5,00 / R$ 10,00 / R$ 20,00 / R$ 50,00.

Qual dessas notas você ofertaria ao Senhor de sua vida, que tudo tem providenciado para que você seja feliz? Vamos supor que esse dinheiro esteja descompromissado. Se você der R$ 1,00, vai fazer falta? E se você der R$ 2,00 ou R$ 5,00 ou, ainda, R$ 10,00? Será que lhe fará falta? E você pensa, pensa, e diz: Deus merece uma boa oferta. Então, você decide no coração e faz sua oferta. Mas lembre-se: o Senhor não está lhe cobrando nada. Sua oferta tem o tamanho de seu agradecimento, de seu reconhecimento e de sua fé nesse Deus maravilhoso, que nos ama muito e só quer nosso bem.

Inspirado em:

2Cor 9,7: "Dê cada um conforme o impulso de seu coração, sem tristeza, nem constrangimento. Deus ama o que dá com alegria".

Ag 1,2-8: "Eis o que diz o Senhor dos exércitos: este povo diz: 'não é ainda chegada o momento de reconstruir a casa do Senhor'". E a palavra do Senhor foi transmitida pelo profeta Ageu: "É então o momento de habitardes em casas confortáveis, estando esta casa em ruínas? Eis o que declara o Senhor dos exércitos: considerai o que fazeis!

Semeais muito e recolheis pouco; comeis e não vos saciais; bebeis e não chegais a apagar vossa sede; vestis, mas não vos aqueceis; e o operário guarda seu salário em saco roto! Assim fala o Senhor dos exércitos: refleti no que fazeis! Subi a montanha, trazei madeira e reconstrui minha casa; ela me será agradável e nela serei glorificado – oráculo do Senhor".

1Tm 6,6-14: "Sem dúvida, grande fonte de lucro é a piedade, porém quando acompanhada do espírito de desprendimento. Porque nada trouxemos ao mundo, como tampouco nada poderemos levar. Tendo alimento e vestuário, fiquemos satisfeitos. Aqueles que ambicionam tornam-se ricos, caem nas armadilhas do demônio e em muitos desejos insensatos e nocivos, que precipitam os homens no abismo da ruína e da perdição. Porque a raiz de todos os males é o amor ao dinheiro. Acossados pela cobiça, alguns se desviaram da fé e se enredaram em muitas aflições. Mas tu, o homem de Deus, foge desses vícios e procura com todo o empenho a piedade, a fé, a caridade, a paciência, a mansidão. Combate o bom combate da fé. Conquista a vida eterna para qual fostes chamado e fizeste aquela nobre profissão de fé perante muitas testemunhas.

Em presença de Deus, que dá a vida a todas as coisas, e de Cristo Jesus, que ante Pôncio Pilatos abertamente testemunhou a verdade, recomendo-te que guardes o mandamento sem mácula, e irrepreensível até a aparição de nosso Senhor, Jesus Cristo".

7
Testemunhos

Testemunho 1

"A décima parte só será dízimo se brotar do coração. O dízimo deve ser fruto do reconhecimento da presença de Deus em minha vida. Eu percebo que sou amado por Deus e que Ele me dá o necessário para uma vida digna. Ele me protege diariamente, orienta-me em minhas decisões e me dá forças para eu superar as dificuldades do dia a dia.

Visto que estamos de passagem, não quero buscar muitas coisas materiais nesta vida. Por isso mesmo é que me sinto feliz com o que tenho, pois percebo que tudo o que possuo foi Deus quem me deu. Deus só dá o necessário a seus filhos, pois, se der muitas coisas, poderá atrapalhar nossa caminhada cristã. É por tudo isso que eu entrego meu dízimo em forma de oração e de agradecimento a esse Deus maravilhoso, que me ama com um amor infinito."

Japão
Pastoral do Dízimo

Testemunho 2

"Quando vim morar em Brasília, comecei indo à igreja nas missas dos jovens; gostava do ambiente, as pessoas eram agradáveis, mas não entendiam muitas coisas. Acabei me afastando por comodismo. Depois de cinco anos, estava morando em Samambaia, com minha irmã. Ela frequentava uma igreja e eu via que toda vez que ela recebia pagamento, tirava uma certa quantia e colocava-a em um envelope. Certo dia, olhei e estava escrito 'Dízimo'. Perguntei o que significava, pois ela levava sempre para a igreja aquele envelope. Foi aí que minha vida começou a mudar. Ela falou do significado do Dízimo em poucas palavras: 'Isso é meu reconhecimento para com Deus em agradecimento ao que ele me dá', e disse mais: 'Tudo o que temos foi ele quem nos deu'. Falou de algumas passagens bíblicas... Tem uma para mim que é especial: Ml 3,10. Ela me falou sobre essa passagem e disse: 'Faça a experiência'. Logo em seguida, comecei a frequentar nossa paróquia, ouvi falar do Dízimo e fiz a experiência. E o resultado de tudo isso: não só me tornei dizimista, como também faço parte da pastoral há cinco anos. Foi uma forma de agradecer a Deus tudo. Senhor, obrigada! Quero deixar aqui um convite a todos os irmãos: 'Façam a experiência'".

Rosimeire Mendes Lessa
Paróquia Maria de Nazaré

Testemunho 3

"Sempre ouvia falar de Dízimo, nas missas; conversava com pessoas dizimistas, mas às vezes me chateava, pois não tinha consciência nenhuma a respeito do dízimo. Um dia, recebi de presente um livro: *Dízimo e oferta na comunidade*.

Mesmo assim não dei muita importância e guardei-o. Mas um dia após a Santa Missa fui convidada para fazer parte da Pastoral do Dízimo da Paróquia Maria de Nazaré e aceitei; nessa época eu já contribuía, mas não com 10%. Logo que comecei a trabalhar na pastoral, tivemos de participar de uma evangelização sobre o dízimo, e a pastoral teria de estar presente nas quatro missas do domingo. Ouvindo aquelas palestras fui me conscientizando. Quando uma palestrante disse:

'Queridos irmãos, não tenham medo de serem felizes, façam a experiência', e leu na Bíblia a passagem de Ml 3,10; tocou-me profundamente, e a primeira coisa que eu fiz ao chegar a minha casa foi procurar o livro, que tinha guardado, e ler do começo ao fim. Ao meditar aquelas leituras, pude perceber o quanto Deus é generoso conosco.

Ele nos dá 100%, e nós temos medo de devolver 10%. Em pouco tempo, após aquela evangelização, passei a devolver meu dízimo, meu reconhecimento para com Deus, pois tudo o que tenho foi ele quem me deu. O mais importante é que devolvo meu dízimo com muito amor e carinho e com uma grande alegria em meu coração. Percebi quão grande são as maravilhas e as bênçãos que o Senhor fez em minha vida. São tantas que não conseguirei descrevê-las. Mas se você também quer recebê-las, faça a experiência, mas faça sem medo, sem interesse e de coração aberto, e assim verá as maravilhas do Pai."

Neuza Costa de Mattos
Paróquia Maria de Nazaré

Testemunho 4

"Sou correto com os compromissos e deveres de cidadão. Pago tudo o que devo. Por que não pagar para Deus, que tudo me dá de graça? Por que não devolver para o dono do ouro e da prata o que é dele? Não tenho direito nos 100%, tenho de devolver a parte do Senhor. Quem devolve o dízimo com certeza é mais feliz, mais cristão. Essa fé vale a pena, é passo certo; e quem devolve o dízimo testemunha isso."

Círio e Luci
Da Liturgia

Testemunho 5

Nós, José Maria Rodrigues e Maria Rodrigues da Silva, brasileiros, casados desde 2/2/1974, pais de três filhos e avós de 4 netos, residentes em Samambaia-DF, temos a honra e a felicidade em poder compartilhar a experiência obtida com a contribuição do dízimo, cujos detalhes relataremos como seguem.

Essa mudança consciente que nós adquirimos não foi da noite para o dia, pois, no princípio, vínhamos contribuindo mensalmente a título de "ofertas", sem um comprometimento sério. As contribuições não eram frequentes, contribuíamos um mês, dois meses, três meses, e qualquer motivo já era o bastante para a desculpa de que não havia como contribuir no mês seguinte.

Mesmo com a insistência da Maria (minha outra metade), a qual adquiriu a consciência antes de mim, eu relutava de todas as formas em contribuir, ou melhor, relutava para não abrir mão de uma parte daquilo que não me pertencia. Embora soubesse que o dízimo é bíblico, eu sempre arrumava desculpas, argumentando que deveríamos esperar ficar mais "folgados" financeiramente, uma vez que nossas despesas sempre eram superiores a nossos rendimentos mensais.

Toda vez que alguém tocava nesse assunto, nós ficávamos com a consciência pesada, principalmente eu, pois essa decisão dependia mais de mim do que da Maria. Um dia, já com nossa cabeça no travesseiro, resolvemos então fazer a experiência e começamos contribuindo com 4% por alguns meses; porém tivemos uma recaída e a contribuição foi interrompida. Em seguida, decidimos retornar com mais firmeza, mais seriedade. Por alguns meses, contribuímos com os 4%, mais alguns meses e ajustamos para 5%, depois 6%, 6,50%, 7%, 8%, 9% e hoje, graças a Deus, estamos contribuindo conforme manda nossa consciência.

É importante lembrar que o dízimo não é esmola, nem doação. Dízimo é o ato de devolver uma parte daquilo que não nos pertence e que nos foi confiado o direito de administrar. O Dízimo é bíblico e podemos obter a confirmação em diversos livros do Antigo e Novo Testamentos, como Gn 14,18-20, Lv 27,30-31, Nm 12,11-14, Dt 14,22-26, Tb 1,6-7, Ml, Mt, Lc, Hb e outros.

Após adotarmos essa prática, muita coisa mudou em nossa vida, em todos os aspectos. Estamos obtendo melhores resultados com o controle de nossa saúde; nosso dia a dia como pessoas, como cristãos, tem sido melhor; no aspecto financeiro, apesar da crise que o mundo enfrenta, podemos afirmar que para nós, misteriosamente, as dificuldades desapareceram e em nossos orçamentos, ao invés de faltar, todo mês sobra algum valor.

Não há mais o que falar, pois o Dízimo é uma questão de fé e obediência.

Maria Rodrigues da Silva
José Maria Rodrigues

8
Bênção dos Dizimistas

Rito de Bênção

Comentarista: Caríssimos irmãos, daremos início agora ao rito de bênção dos dizimistas de nossa comunidade. Com esta bênção, queremos valorizar todas as pessoas que, numa atitude de fé, devolvem com o dízimo um pouco do muito que Deus nos dá, como forma de gratidão, reconhecimento e amor a Deus. Se temos é porque Deus nos deu.

Celebrante: A nossa proteção está no nome do Senhor.

Todos: Que fez o céu e a terra.

Cel.: Caríssimos irmãos e caríssimas irmãs, o dízimo é partilha, compromisso de vida, oração silenciosa, vivida em dimensão comunitária: dê cada um conforme o impulso de seu coração, sem tristeza, nem constrangimento, pois Deus ama aquele que dá com alegria. Devemos reconhecer o verdadeiro sentido do dízimo em nossas vidas para poder libertar-nos da avareza e do egoísmo, que nos impedem de praticar a caridade. Invoquemos, nesta celebração, a bênção do Senhor, para que todos os dizimistas, aqui presentes, sejam sempre, entre si, colaboradores da graça, construtores da Igreja, mensageiros da fé e da caridade, nas diversas circunstâncias da vida.

Leitura da Palavra de Deus

Leitor: Leitura da segunda carta de São Paulo aos Coríntios 9,6-11.

"Sabei, irmãos, que aquele que semeia pouco, pouco ceifará. Aquele que semeia em profusão, em profusão ceifará. Dê cada um conforme o impulso de seu coração, sem tristeza, nem constrangimento. Deus ama o que dá com alegria. Poderoso é Deus para cumular-vos com toda espécie de boas obras. Como está escrito: 'Espalhou, deu aos pobres, sua justiça subsiste para sempre' (Sl 111,9). Aquele que dá a semente ao semeador e o pão para comer vos dará rica sementeira, e aumentará os frutos de vossa justiça."

– Palavra do Senhor.

T.: Graças a Deus!

Silêncio ou Breve Explicação

Preces

Cel.: Elevemos a Deus nossas súplicas e, guiados por seu Espírito, façamos do dízimo um gesto de amor. A cada súplica, digamos:

T.: Transformai nossa vida, Senhor.

L. 1: Senhor, ensinai-nos a trazer com fidelidade e alegria nosso dízimo, como sinal de amor a Deus e aos irmãos.

T.: Transformai nossa vida, Senhor.

L. 2: Senhor, fazei crescer em nós, como dizimistas, a fidelidade e a fraternidade com nossos irmãos.

T.: Transformai nossa vida, Senhor.

L. 3: Senhor, abençoai nossos dizimistas e fazei com que possamos crescer juntos no anúncio do Cristo ressuscitado e na prática do que Ele nos ensinou.

T.: Transformai nossa vida, Senhor.

Oração de Bênção

Cel.: *(De mãos estendidas sobre a comunidade, profere a oração:)*

Nós vos bendizemos, Senhor, nosso Deus, porque a vós pertencem a terra, o mundo e tudo o que nele existe. Nós vos devolvemos a direção de tudo o que está em nossos cuidados. Agradecemos a confiança de sermos escolhidos como administradores de vossos bens. Senhor, nós vos rogamos humildemente que nos ensineis a não nos desviar de vossos propósitos, utilizando-os para nosso sustento. Protegei e guardai, Senhor, todos os dizimistas, para que, confortados com o dom de vossa graça, gozem de prosperidade, paz e harmonia e deem no mundo testemunho de vossa glória, buscando a fidelidade no pouco que nos é tomado por amor a Cristo e a sua Igreja. Por Cristo, nosso Senhor.

T.: Amém.

(Aspersão de água benta sobre o povo.)

Conclusão do Rito e Bênção Final

Cel.: O Senhor Jesus Cristo esteja convosco para vos proteger.

T.: Amém.

Cel.: Esteja a vossa frente para vos conduzir e atrás de vós para vos guardar.

T.: Amém.

Cel.: Olhe para vós, vos conserve e abençoe.

T.: Amém.

Cel.: E a todos vós, aqui reunidos, pela intercessão de Nossa Senhora, abençoe-vos Deus todo-poderoso, Pai e Filho e † Espírito Santo.

T.: Amém.

Cel.: Glorificai o Senhor com vossa vida; ide em paz e o Senhor vos acompanhe.

T.: Amém.